# 40 Recettes pour la Perte de Poids pour un Mode de Vie Actif: La Solution pour Combattre la Graisse

Par

**Joseph Correa**

*Diététicien Certifié des Sportifs*

## DROITS D'AUTEUR

© 2016 Finibi Inc

Tous droits réservés

La reproduction ou la traduction d'une partie de ce travail au-delà de ce qui est permis par l'article 107 ou 108 de la Loi sur le droit d'auteur aux États-Unis sans la permission du propriétaire du droit d'auteur 1976 est illégale.

Cette publication est conçue pour fournir des informations exactes et fiables en ce qui concerne la matière couverte.

Elle est vendue avec la compréhension que ni l'auteur ni l'éditeur ne sont engagés dans l'apport de conseils médicaux. Si des conseils ou une assistance médicale deviennent nécessaires, consulter un médecin. Ce livre est considéré comme un guide et ne doit pas être utilisé en aucune façon pour nuire à votre santé. Consultez un médecin avant de commencer ce plan nutritionnel pour vous assurer qu'il s'adapte à vos besoins.

## REMERCIEMENTS

La réalisation et le succès de ce livre n'auraient pas pu être possibles sans la motivation et le soutien de ma famille.

# 40 Recettes pour la Perte de Poids pour un Mode de Vie Actif: La Solution pour Combattre la Graisse

Par

**Joseph Correa**

*Diététicien Certifié des Sportifs*

## SOMMAIRE

Droits d'Auteur

Remerciements

A propos de l'auteur

Introduction

Calendrier

40 Recettes pour la Perte de Poids pour un Mode de Vie Actif : La Solution pour Combattre la Graisse

Autres Grands Titre de cet Auteur

## A PROPOS DE L'AUTEUR

En tant que nutritionniste certifié des sportifs, je crois honnêtement dans les effets positifs qu'une nutrition convenable peut avoir sur le corps et l'esprit. Ma connaissance et mon expérience m'ont aidé à vivre en meilleure santé tout au long des années que j'ai partagées avec la famille et les amis. Plus vous en saurez sur le fait de manger et de boire pour une meilleure santé, plus tôt vous voudrez changer votre vie et vos habitudes alimentaires.

La nutrition est essentielle dans le processus d'être en bonne santé et le fait de vivre plus longtemps, alors commencez dés aujourd'hui.

## INTRODUCTION

Les 40 Recettes de Perte de poids pour un Style de vie Actif vous aideront à perdre du poids naturellement et efficacement. La connaissance de ce que vous mangez et quand vous mangez fera toute la différence du monde. Si vous n'avez pas encore réussi dans le passé à perdre la graisse superflue, c'est maintenant votre chance d'accomplir le changement. Lisez ce livre et commencez à mener la vie que vous méritez. Le calendrier et les recettes des repas sont faciles à suivre et à comprendre.

Le fait d'être trop occupé pour manger correctement peut devenir quelquefois un problème et c'est pour cela que ce livre vous fera gagner du temps et vous aidera à nourrir votre corps afin d'atteindre les buts que vous vous êtes fixés.

Ce livre vous aidera à :

-Perdre du poids rapidement tout en mangeant de délicieux repas.

-Avoir plus d'énergie.

-Accélérer naturellement votre métabolisme pour devenir plus mince.

-Améliorer votre système digestif.

Joseph Correa est un diététicien certifié des sportifs et un athlète professionnel.

## CALENDRIER POUR LA PERTE DE POIDS

**Semaine 1**

Jour 1:

*Yogourt aux Fruits et Noix*

*Potage Chinois aux Œufs avec du Poulet et des Nouilles*

*Pilaf de Champignons avec du Citron*

Jour 2:

*Gratin d'Œufs et légumes pour petit-déjeuner*

*Sauté de Dinde Frit*

*Aubergines Farcies*

Jour 3:

*Guacamole pour Petit-déjeuner*

*Barbecue de Saumon Mariné au Citron*

*Salade d'Orange, Noix et Fromage Bleu*

Jour 4:

*Un Smoothie de Minceur*

*Salade de Poulet et Maïs*

Légumes au Curry Rouge

<u>Jour 5:</u>

Crêpes de Farine d'Avoine et Bananes

Truite Sauvage

Courgettes Farcies

<u>Jour 6:</u>

Toast de Thon

Bœuf à l'Ail

Salade de Fruits

<u>Jour 7:</u>

Omelette au Bacon et Brie avec une Salade

Soupe de Riz et Tomate

Truite Fumée avec Salade de Betterave, Fenouil et Pomme

## Semaine 2

<u>Jour 1:</u>

Smoothie de Baies (ou de Mûres)

Spaghetti avec du citron, des Brocolis et du Thon

Champignons Farcis

Jour 2:

Rouleaux de Jeunes Oignons et Dinde

Poulet aux Champignons

Riz à la Mexicaine et Salade d'Haricots

Jour 3:

Œufs Pochés avec Saumon Fumé et Epinards

Chili aux Haricots et Poivron

Bouillon aux Légumes Thaï et Lait de Coco

Jour 4:

Hoummous avec du Pain Pita et des Légumes

Poisson Grillé avec des Tomates aux Epices Marocaines

Soupe aux Lentilles, Carottes et Orange

Jour 5:

Gruau d'Avoine avec des Pommes et du Raisin

Ragoût de Fruits de Mer Epicé

Curry de Pois Chiches et Epinards

Jour 6:

*Feta et Omelette de Tomates Demi-Sèches*

*Poulet Farci aux Epinards et Dates*

*Carottes Rôties avec de la Grenade et du Fromage Bleu*

Jour 7:

*Yogourt aux Fruits et Noix*

*Curry de Crevettes*

*Riz à la Mexicaine et Salade d'Haricots*

**Semaine 3**

Jour 1:

*Omelette au Bacon et Brie avec une Salade*

*Chili aux Haricots et Poivron*

*Truite Sauvage*

Jour 2:

*Smoothie de Minceur*

*Bœuf à l'Ail*

*Aubergine Farcie*

Jour 3:

*Guacamole de Petit-Déjeuner*

*Sauté de Dinde Frit*

*Salade de Fruits*

Jour 4:

*Gratin d'œufs et Légumes de Petit-déjeuner*

*Barbecue de Saumon Mariné au Citron*

*Légumes au Curry Rouge*

Jour 5:

*Crêpes de Farine d'Avoine et Bananes*

*Potage Chinois aux Œufs avec du Poulet et des Nouilles*

*Truite Fumée avec Salade de Betterave, Fenouil et Pomme*

Jour 6:

*Toast de Thon*

*Soupe de Riz et Tomate*

*Courgettes Farcies*

Jour 7:

*Smoothies de Baies (ou de Mûres)*

*Salade de Poulet de Maïs*

*Orange, noix et sauce au fromage bleu*

**Semaine 4**

Jour 1:

*Gruau d'Avoine avec des Pommes et du Raisin*

*Spaghetti au Citron avec des Brocolis et du Thon*

*Soupe aux Lentilles, Carottes et Orange*

Jour 2:

*Œufs Pochés avec du Saumon Fumé et des Epinards*

*Poulet aux Champignons*

*Curry de Pois-Chiches et Epinards*

Jour 3:

*Rouleaux de Jeunes Oignons et Dinde*

*Ragoût Epicé de Fruits de Mer*

*Carottes Rôties avec Grenade et Fromage Bleu*

Jour 4:

*Feta Omelette de Tomates Demi-Sèches*

*Chili aux Haricots et Poivron*

Salade de Fruits

Jour 5:

Houmous avec du Pain Pita et des Légumes

Curry de Crevettes

Riz à la Mexicaine et Salade d'Haricots

Jour 6:

Yogourt aux Fruits et Noix

Poulet Farci aux Epinards et Dates

Bouillon aux Légumes Thaï et Lait de Coco

Jour 7:

Guacamole de Petit-Déjeuner

Truite Sauvage

Aubergine Farcie

## 2 journées supplémentaires pour un mois complet :

Jour 1:

*Smoothie de Minceur*

*Salade de Poulet et Maïs*

*Salade d'Orange, Noix et Fromage Bleu*

Jour 2:

*Toast de Thon*

*Sauté de Dinde Frit*

*Légumes au Curry Rouge*

# RECETTES POUR PERDRE DU POIDS

## PETIT-DEJEUNER

### 1. Feta et Omelette de Tomate Demi-Sèche

Une recette vraiment rapide, simple, basse calorie qui donnera à votre début de journée le démarrage tonique qu'il mérite. Pour rehausser un peu plus le goût, utilisez des tomates qui ont été conservées dans un mélange d'huile d'olive et d'herbes italiennes.

**Ingrédients** (1 portion):

2 œufs légèrement battus
25g de fromage feta, émietté
4 tomates demi-sèches, grossièrement coupées
1 cuillère à café d'huile d'olive
Des feuilles de salades mélangées, pour servir

Temps de Préparation : 5 min
Temps de Cuisson : 5 min

**Préparation:**

Chauffez l'huile dans une petite poêle, antiadhésive, ajoutez ensuite les œufs et faites-les cuire, en les remuant avec une cuillère en bois. Quand les œufs sont encore un peu liquides dans le milieu, ajoutez les tomates et la feta, pliez ensuite l'omelette à moitié. Faites cuire encore 1 minute, puis faites glisser l'omelette sur une assiette et servir avec un mélange de feuilles de salade.

**Valeur nutritive** par portion: 300kcal, protéine 18g, graisse 20g (7g saturés), glucides 5g (fibre de 1g, 4g de sucre), sel 1.8g, 15% calcium, 22% vitamine D, 20% vitamine A, 15% vitamine C, 25% vitamine B12.

## 2. Gruau d'Avoine avec des Pommes et du Raisin

Un petit-déjeuner chaud et apaisant riche en calcium qui est léger pour l'estomac et parfait comme repas de pré-entraînement, en raison de son fort contenu en glucides. Saupoudrez d'un peu de cannelle pour un parfum doux, boisé.

**Ingrédients** (2 portions):

50g de flocons d'avoine
250ml de lait écrémé
2 pommes épluchées et découpées en dés
50g de raisins
½ cuillère à soupe de miel

Temps de Préparation : 5min
Temps de Cuisson : 10 min

**Préparation:**

Apportez le lait à ébullition dans une casserole à chaleur moyenne et mélangez avec l'avoine pendant 3 minutes. Quand le mélange devient crémeux, ajoutez les pommes et les raisins secs et faites bouillir encore 2 minutes. Versez le mélange dans 2 bols, ajoutez le miel et servez immédiatement.

**Valeur nutritive** par portion: 256kcal, protéine 9g, graisse 2g (1g saturé), glucides 47g (fibre de 4g, 34g de sucre), 17% calcium, 11% fer, 17% magnésium.

## 3. Houmous avec du Pain Pita et des Légumes

C'est un petit déjeuner simple et nutritif que vous pouvez préparer vite le matin et l'emporter au travail. Le Houmous se garde bien dans le réfrigérateur et les légumes peuvent être mis dans le pain pita, faisant un sandwich facile à emporter.

**Ingrédients** (2 portions):

1 Boîte 1200 gr de pois-chiches, égouttés
1 gousse d'ail, écrasée
25g de tahinée (spécialité orientale)
¼ cuillère à café de cumin
Du jus d'¼ de citron
Sel, poivre
3 cuillères à soupe d'eau
2 pains pita au blé complet
200g de légumes variés (carottes, céleri, concombre)

Temps de Préparation : 15 min
Pas de Cuisson

**Préparation:**

Mélangez les pois-chiches, l'ail, le tahinée, le cumin, le jus de citron, le sel, le poivre et l'eau dans un robot de cuisine et mixer plusieurs fois jusqu'à ce que le mélange devienne crémeux.

Servez avec le pain pita toasté et le mélange de légumes.

**Valeur nutritive** par portion: 239kcal, protéine 9g, graisse 9g (1g saturé), glucides 28g (fibre de 6g, 4g de sucre), sel 1.1g, fer 27%, magnésium 23%, 14% de vitamine B1.

## 4. Tortillas de Jeunes Oignons et Dinde

Quelle meilleure façon d'utiliser les restes de dinde, que de faire un rapide et délicieux sandwich tortilla ? Faites-vous un plaisir qui est riche en protéines, faible en graisses saturées et aromatisé au goût acidulé de basilic.

**Ingrédients** (2 portions):

130g de dinde cuite (bouillie ou rôtie), coupée en morceaux
3 jeunes oignons, coupés en morceaux
1 concombre, coupé en morceaux
2 feuilles de salade frisée
1 cuillère à soupe de mayonnaise légère
1 cuillère à soupe de pesto (sauce à base de basilic et d'huile d'olive)
2 tortillas de blé complet (crêpes mexicaines)

Temps de Préparation : 5minutes
Pas de Cuisson

**Préparation:**

Mélangez ensemble le pesto et la mayonnaise. Divisez la dinde, les jeunes oignons, le concombre et les feuilles de laitue entre les 2 tortillas. Mouillez avec la sauce pesto, enveloppez le tout et servez.

**Valeur nutritive** par portion: 267kcal, protéine 24g, graisse 9g (2g saturé), glucides 25g (fibre de 2g, 3g sucre), sel 1.6g, 34% de vitamine B3, 27% de vitamine B6.

## 5. Smoothie de Baies (ou de Mûres)

Quelle meilleure façon de prendre la valeur de la moitié d'une journée du calcium recommandé qu'avec ce repas à base de yogourt crémeux ? Ajoutez quelques fibres et rendez-le encore plus nutritif, en gardant la moitié des baies hors du mixer et en les ajoutant quand le smoothie sera fait.

**Ingrédients** (2 portions):

450g de baies congelées
450g yogourt pauvre en matières grasses
100ml lait écrémé
25g flocons d'avoine
1 cuillère à café de miel (optionnel)

Temps de Préparation : 10 min
Pas de Cuisson

**Préparation:**

Mélangez les baies, le yogourt et le lait dans un robot de cuisine jusqu'à ce que la préparation devienne crémeuse. Ajoutez les flocons d'avoine et remuez. Versez dans 2 verres. Servez avec un peu de miel.

**Valeur nutritive** par portion: 234kcal, protéine 16g, graisse 2g (2g saturé), glucides 36g (14g de sucre), 45% calcium, 11% magnésium, 18% vitamine B2, 21% vitamine B12.

## 6. Œufs pochés avec du Saumon Fumé et des Epinards

Un petit-déjeuner copieux et riche en protéines qui permettra de démarrer votre journée avec satisfaction. Vous n'aurez aucun problème à atteindre votre exigence quotidienne de vitamine A et votre cœur vous dira merci pour la quantité cordiale d'acides gras oméga 3.

**Ingrédients** (1 portion):

2 œufs
100g d'épinards, hachés
50g saumon fumé
1 cuillère à soupe de vinaigre blanc
Un peu de beurre à étaler
1 tranche de pain de blé complet, toasté


Temps de Préparation : 5 min
Temps de Cuisson: 20 min


**Préparation:**

Chauffez une poêle antiadhésive, mettez-y les épinards et remuez pendant 2 minutes.

Pour pocher les œufs, portez à ébullition une casserole d'eau, ajoutez le vinaigre et baissez ensuite la chaleur pour que l'eau bouillonne à petit feu. Remuez l'eau jusqu'à ce que vous ayez un tourbillon léger, faites alors glisser les œufs un par un. Cuisinez chacun pendant environ 4 minutes puis sortez l'œuf avec une cuillère creuse.

Beurrez le morceau de toast puis mettez-y les épinards, le saumon fumé et les œufs. Assaisonnez selon votre goût et servez.

**Valeur nutritive** par portion: 349kcal, protéine 31g, graisse 19g (6g saturé), glucides 13g (fibre 4g, 2g de sucre), sel 3.6g, 23% fer, 23% magnésium, 197% vitamine A, 46% vitamine C, 21% vitamine D, 15% vitamine B6, 18% vitamine B12.

## 7. Omelette au Bacon et Brie avec une Salade

Une omelette délicieuse pour ceux qui préfèrent commencer la journée avec un repas satisfaisant pour la bonne santé, avec des œufs et des protéines. Coupez l'omelette dans les coins pour un semblant de frittata et savourez-la avec une salade à la place du pain pour réduire les calories.

**Ingrédients** (2 portions):

3 œufs, légèrement battus
100g de lardons fumés
50g de brie, tranché
Un petit bouquet de ciboulette, coupé
1 cuillère à soupe d'huile d'olive
½ cuillère à café de vinaigre rouge
½ cuillère à café de moutarde de Dijon
½ concombre coupé dans la moitié et égrené
100g radis, coupés en quatre

Temps de Préparation : 5 min
Temps de Cuisson : 15 min

**Préparation:**

Faites chauffer une petite casserole, mettez-y les lardons et faites les frire jusqu'à ce que les lardons soient croustillants, sortez-les alors de la casserole et faites les égoutter sur un papier de cuisine.

Chauffez 1 petite cuillère d'huile dans une poêle antiadhésive, mélangez ensuite ensemble les lardons, les œufs et du poivre moulu. Mettez le tout dans la poêle et cuisinez à chaleur basse jusqu'à ce que ce soit presque cuit, ajoutez ensuite le Brie et faites griller jusqu'à ce que ce soit cuit et doré.

Mélangez l'huile d'olive restante, le vinaigre, l'assaisonnement et la moutarde dans un bol et ajoutez les radis et le concombre. Servez à côté de l'omelette.

**Valeur nutritive** par portion:395kcal, protéine 25g, graisse 31g (12g saturé), glucides 3g (fibre 2g, 3g de sucre), sel 2.2g, 10% vitamine A, 13% vitamine C, 15% vitamine D, 13% vitamine B12.

## 8. Smoothie de Minceur

Un smoothie végétalien sans produit laitier avec du jus de grenade qui vous stimulera pour le travail, ou soutiendra votre entraînement. Vous pouvez ajouter une cuillère à soupe de graines de lin moulues pour avoir 2g de fibre à faible coût pour un supplément de 37 kcal.

**Ingrédients** (1 portion):

125ml de lait de soja
150ml de jus de grenade
30g de tofu
1 grande banane, coupée en morceaux
1 cuillère à café de miel
1 cuillère à soupe d'amandes effilées
2 cubes de glace

Temps de Préparation : 5 min
Pas de Cuisson

**Préparation:**

Mélangez le lait de soja et le jus de grenade avec 2 cubes de glace jusqu'à ce que la glace fonde.

Ajoutez la banane, le miel et le tofu et mélangez jusqu'à ce que ça devienne crémeux, versez ensuite le mélange dans un verre et saupoudrez-le avec les amandes effilées.

**Valeur nutritive** par portion:366kcal, protéine 10g, graisse 12g (1g saturé), glucides 55g (fibre de 4g, 50g de sucre), 13% calcium, 11% fer, 15% magnésium, 14% vitamine C, 25% vitamine B6.

## 9. Thon sur Toast

Une recette vraiment rapide de basse calorie, qui livre une haute quantité du protecteur de neurone B12. Si vous voulez une augmentation d'énergie, étendez la pâte sur un morceau de pain de blé complet à environ 120 kilocalories par morceau et servez avec les poivrons à côté.

**Ingrédients** (4 portions):

2 boîtes de Thon en eau (185g), à moitié égoutté
3 œufs durs bouillis
1 jeune oignon de printemps, finement coupé
5 petits cornichons, coupés en dés
Sel, poivre
4 poivrons, coupés en deux, épépinés

Temps de Préparation : 5 min
Temps de Cuisson : 10 min

**Préparation:**

Mélangez le thon, les œufs, le jeune oignon printanier, les cornichons et l'assaisonnement dans un robot de cuisine et mixez jusqu'à obtenir un mélange lisse.

Remplissez les moitiés des poivrons avec la composition et servez.

**Valeur nutritive** par portion: 240kcal, protéine 23g, graisse 8g (2g saturé), glucides 4g (fibre 1g, 2g de sucre), 14% magnésium, 47% vitamine A, 28% vitamine B6, 142% vitamine B12.

## 10. Crêpes de Farine d'Avoine et Bananes

Appréciez cette version de crêpes meilleure pour la santé qui remplace les simples flocons d'avoine roulés. La banane fait un remplaçant subtil du sucre, mais vous pouvez aussi ajouter 1 petite cuillère de miel (23 kilocalories par petite cuillère) si vous en avez envie.

**Ingrédients** (8 crêpes):

50g de flocons d'avoine roulés
4 œufs, légèrement battus
2 bananes, coupées en morceaux
½ cuillère à café de cannelle
1 cuillère à café d'huile d'olive pour chaque crêpe

Temps de Préparation : 5 min
Temps de Cuisson : 30 min

**Préparation:**

Mélangez tous les ingrédients dans un robot de cuisine. Chauffez une poêle antiadhésive, ajoutez une petite cuillère d'huile et versez ¼ tasse du mélange dans la poêle. Faites cuire de chaque côté jusqu'à ce que la crêpe devienne légèrement marron.

**Valeur nutritive** par crêpe : 135kcal, protéine 4g, graisse 13g (3g saturé), glucides 10g (fibre de 1g, 3g de sucre).

## 11. Guacamole de Petit-déjeuner

Vous ne pouvez pas rater un repas qui contient de l'avocat. Riche en graisses saines pour la santé et en fibres, avec une texture lisse et un goût richement amélioré par un peu de jus de citron, ce guacamole de petit-déjeuner vous stimulera jusqu'au déjeuner.

**Ingrédients** (2 portions):

1 avocat mûr
1 grande tomate, grossièrement découpée
1 jeune oignon de printemps, finement découpé
1 gousse d'ail écrasée
Jus de citron d'un ½ citron
Sel
Poivre noir
2 tranches de pain de blé complet, toastés

Temps de Préparation : 5 min
Pas de Cuisson

**Préparation:**

Coupez l'avocat en deux moitiés, dans le sens de la longueur, creusez ensuite la pulpe avec une cuillère et mettez-la dans un grand bol. Écrasez-la avec une fourchette. Versez du jus de citron sur la pulpe et ajoutez la tomate coupée, le jeune oignon printanier et l'ail.

Assaisonnez avec le sel et beaucoup de poivre noir. Mélangez le tout, étendez-le sur un morceau de toast et servez immédiatement.

**Valeur nutritive** par portion : 280kcal, protéine 9g, graisse 13g (2g saturé), glucides 30g (fibre 9g, 5g de sucre), 10% fer, 17% magnésium, 14% vitamine A, 29% vitamine C, 17% vitamine B6.

## 12. Gratin d'Œufs et Légumes pour Petit-déjeuner

Un petit-déjeuner inventif, facile à faire en faisant cuire un œuf au four au lieu de le faire frire, ce qui réduit un montant substantiel de graisses saturées. Les œufs le rendent plus nourrissant, alors que les légumes ne sont pas seulement délicieux, mais en plus, bourrés de vitamine A et C.

**Ingrédients** (1 portion):

2 grands champignons communs
2 tomates moyennes, coupées en deux
100g d'épinards
2 œufs
1 gousse d'ail, finement tranchée
1 cuillère à café d'huile d'olive

Temps de Préparation : 5 min
Temps de Cuisson : 30 min

**Préparation:**

Chauffez le four à 200C /gaz no.6. Placez les tomates et les champignons dans un plat allant au four. Ajoutez l'ail, arrosez d'huile et d'assaisonnement et faites cuire pendant 10 minutes.

Mettez les épinards dans une grande casserole et versez dessus une bouilloire d'eau bouillante pour les réduire. Enlevez l'excès d'eau et ajoutez les épinards au plat. Faites un petit espace entre les légumes et cassez les œufs dans le plat. Cuisinez depuis encore 10 minutes dans le four jusqu'à ce que les œufs soient cuits.

**Valeur nutritive** par portion : 254kcal, protéine 18g, graisse 16g (4g saturé), glucides 16g (fibre 6g, 10g de sucre), 31% fer, 17% calcium, 29% magnésium, 238% vitamine A, 11% vitamine D, 102% vitamine C, 18% vitamine B1, 51% vitamine B2, 20% vitamine B3, 29% vitamine B6, 22% vitamine B12.

## 13. Yogourt aux Fruits et aux Noix

Une grande alternative aux céréales, ce petit-déjeuner riche en glucides vous gardera pleinement satisfaits jusqu'au déjeuner et vous donnera l'énergie d'un bon départ pour vous attaquer à vos tâches. Le mélange de noix offre un montant substantiel de graisses saines pour la santé, alors que le yogourt assure que vous recevez la valeur de la moitié recommandée de calcium pour une journée.

**Ingrédients** (1 portion):

1 banane moyenne, en tranches
100g de myrtilles (fraîches ou congelées et décongelées)
20g de noix
20g de noisettes
10g de raisins
200g de yogourt sans matières grasses

Temps de Préparation : 5 min
Pas de Cuisson

**Préparation:**

Mélangez les fruits avec les noix, versez dans un bol avec le yogourt par-dessus et servez.

**Valeur nutritive** par portion : 450kcal, protéine 13g, graisse 25g (2g saturé), glucides 54g (fibre 9g, 32g de sucre), 44% calcium, 16% magnésium, 30% vitamine C, 36% vitamine B6.

## DÉJEUNER

### 14. Soupe aux œufs brouillés avec poulet et nouilles

Un plat rapide et facile à faire, parfait pour un repas de midi. Les nouilles contiennent assez d'énergie our augmenter les glucides qui vous soutiendront toute la journée, et la viande est chargée de vitamine B.

**Ingrédients** (2 portions):

1 poitrines de poulet désossée sans peau, , coupée en dés
1 œuf battu
0.6l bouillon de poulet
1 oignon, finement haché
70g nouilles de blé entier
70g maïs doux congelé, ou épis de maïs coupé en deux
Jus de citron
¼ de cuillère à café de vinaigre de Xérès

Temps de préparation: 10 min
Temps de cuisson: 15 min

**Préparation:**
Placer le poulet et la soupe dans une grande casserole et porter à ébullition pendant 5 min. Les nouilles doivent être cuites en suivant les instructions sur l'emballage.

Ajouter le maïs et faire bouillir pendant 2 min. Incorporer le bouillon et alors qu'il est juste au point d'ébullition, tenir une fourchette sur la casserole et versez les oeufs sur les tiges lentement. Remuez de nouveau dans la même direction, puis eteindre. Ajouter le jus de citron et le vinaigre.

Égoutter les pâtes et les diviser entre 2 bols. Verser le bouillon, disperser les oignons hachés dessus et servir.

**Valeur nutritive** par portion: 273kcal, protéine 26g, graisse 6g (1g saturé), glucides 30g (fibre 3g, 2g de sucre), sel 1g, 96% de vitamine B3, 42% de vitamine B6.

## 15. Poulet et Salade de maïs

Un poulet épicé au paprika, servi avec du maïs sucré grillé et laitue fraiche, craquante, se sert comme une salade rapide et saine, avec de grandes quantités de vitamine B. La sauce à base d'ail releve un repas déjà savoureux.

**Ingrédients** (2 portions):
2 petites poitrines de poulet
1 Épi de maïs
2 petites laitues, coupées en quartiers dans le sens de la longueur
½ concombre, coupé en dés
1 gousses d'ail écrasée
1 cuillère à soupe d'huile d'olive
1 cuillère à café de paprika
jus d'un demi-citron
Vinaigrette (2 portions):
1 gousse d'ail écrasée
75ml de lait caillé
1 cuillère à soupe de vinaigre de vin blanc

Temps de préparation: 20 min
Temps de cuisson: 20 min

**Préparation**:
Couper les poitrines de poulet en longueur dans la moitié de sorte que vous aurez 4 lanières de poulet. Mélanger le paprika, l'ail, l'huile 1 cuillère à café de jus de citron avec

un peu de l'assaisonnement et laisser mariner le poulet pendant au moins 20 min.

Faites chauffer une poêle, ajouter le reste d'huile et faire cuire le poulet pendant 3-4 min de chaque côté jusqu'à ce qu'il soit bien cuit. Badigeonner le reste de l'huile et griller le maïs sur la plaque chauffante pendant environ 5 minutes ou jusqu'à ce qu'ils soit légèrement noirci. Assurez-vous de le cuire uniformément. Retirer les épis de maïs et enlever les graines.

Mélanger les ingrédients avec la vinaigrette.

Mélanger le concombre et la laitue, mettre le poulet et le maïs sur le dessus et arroser de vinaigrette.

**Valeur nutritive** par portion: 253kcal, protéine 29g, graisse 8g (1g saturé), glucides 14g (fibre 3g, sucre 6g), 20% de fer, 40% de magnésium, 96% de vitamine B3, 72% de vitamine B6.

## 16. Spaghetti Citron au Brocoli et au Thon

15 minutes est tout ce qu'il faut pour attiser cette pâte au poisson piquante qui emballe un punch d'énergie significative. Le mélange de spaghetti, thon et légumes en font un plat nutritif tous azimuts.

**Ingrédients** (2 portions):
180g de spaghetti de blé entier
100g de thon à l'huile en boite, égoutté
125g de brocoli en bouquets
40g olives vertes dénoyautées, en quartiers
1 cuillère à soupe de câpres, égouttées
jus et le zeste de ½ citron
1 cuillère à café d'huile d'olive, un peu plus pour la bruine

Temps de préparation: 5 min
Temps de cuisson: 10 min

**Préparation**:

Faire bouillir les spaghettis selon les instructions sur l'emballage. 6 min apres, ajouter le brocoli et faire bouillir pendant 4 minutes, ou plus jusqu'à cuisson des deux ingrédients.

Mélanger les olives, les échalotes, les câpres, le thon, le zeste de citron et le jus dans un grand bol. Égoutter les pâtes et le brocoli, ajouter dans le bol, bien mélanger avec l'huile d'olive et le poivre noir et servir.

**Valeur nutritive** par portion: 440kcal, protéine 23g, graisse 11g (2g saturé), glucides 62g (fibre 5g, sucre 4g), sel 1,4 g, 12% de fer, 20% de magnésium, 25% de vitamine A, 50% de vitamine B3, 25 % de vitamine B6, vitamine B12 90%.

## 17. Barbecue de saumon frotté au citron

Riche en graisses saines, en protéines et en vitamines B, le saumon est un poisson qui mérite certainement une place sur votre plaque. Servir avec un simple mélange de tomate et salade verte pour savourer le goût délicat de ce repas citronné.

**Ingrédients** (2 portions):

2 X 150g de filets de saumon sans aretes
jus et zeste d'un demi citron
10g d'estragon frais, haché finement
1 gousse d'ail, hachée finement
1 cuillère à soupe d'huile

Temps de préparation: 5 min
Temps de cuisson: 10 min

**Préparation**:

Incorporer le zeste de citron et le jus, l'ail, l'estragon et l'huile d'olive dans un plat, assaisonner de sel et de poivre, puis ajouter les filets de saumon. Frottez le mélange sur le poisson, couvrir et laisser reposer pendant 10 min.

Chauffer le barbecue au maximum, retirez les filets de saumon de la marinade, les mettre sur un papier de cuisson et griller pour 7-10 min. Servi lorsque le saumon est bien cuit.

**Valeur nutritive** par portion: 322kcal, protéine 31g, 22g de graisse (4g saturé), glucides 1g, 12% de vitamine B2, 30% de vitamine B1, 60% de vitamine B3, 45% de vitamine B6, 79% de vitamine B12.

## 18. Soupe au Riz et a la Tomate

Un plat copieux, la soupe au riz et a la tomate est une excellente façon de profiter des tomates fraîches et savoureuses disponibles en été. Vous pouvez également le servir froid, pour un effet rafraîchissant.

**Ingrédients** (2 portions):

70g de riz brun
200g Tomates, hachées
1 cuillère à café de Purée de tomates
1 oignon, haché finement
1 petite carotte, hachée finement
½ branche de céleri, hachée finement
½ l de bouillon de légumes fait avec 1 cube
1 cuillère à café de sucre brun
1 cuillère à café de vinaigre
Quelques feuilles de persil, haché
Quelques gouttes de pesto, pour servir (facultatif)

Temps de préparation: 10 min
Temps de cuisson: 35 min

**Préparation**:

Chauffer l'huile dans une grande casserole, ajouter la carotte, le céleri et l'oignon et mettre à feu moyen jusqu'à cuisson. Ajouter le vinaigre et le sucre, faire cuire pendant 1 min, puis bien mélanger la purée de tomate. Ajouter les tomates, le bouillon de légumes et le riz brun, couvrir et laisser mijoter pendant 10 min.

Diviser en deux bols, et saupoudrer d'un peu de persil, assaisonner. Ajouter le pesto sselong le gout (facultatif).

**Valeur nutritive** par portion: 213kcal, protéines 6g, graisse 3g (1g saturé), glucides 39g (fibre 4g, sucre 13g), sel 1,6 g, 16% de vitamine A, 22% de vitamine C.

## 19. Épinards et dattes farcies au poulet

Riche en protéines, avec une quantité équilibrée de glucides et beaucoup de vitamines, ce repas sain couvre à peu près tout, des éléments nutritifs au goût. La date et les épinards farce ajouter une douceur bienvenue.

**Ingrédients** (2 portions):

2 poitrines de poulet désossées sans peau
100 g d'épinards hachés
1 petit oignon haché finement
1 gousse d'ail hachée finement
4 dates hachées finement
1 cuillère à soupe de jus de grenade ou de miel
1 cuillère à café de cumin
1 cuillère à soupe d'huile d'olive
100g de haricots verts surgelés


Temps de préparation: 10 min
Temps de cuisson: 15 min.


**Préparation:**

Préchauffer le four à 200C ventilateur / gaz no. 6

Chauffer l'huile dans une poêle antiadhésive, ajouter l'oignon, l'ail et une pincée de sel et cuire pendant 5 minutes avant d'ajouter les dates, les épinards et la moitié du cumin. Cuire encore 1-2 min.

Couper les poitrines de poulet en deux en longueur, et laisser une partie intacte de manière pouvoir les ouvrir comme un livre. Farcir les filets de poulet et les mettre dans un plat allant au four, ajouter le reste du cumin et l'assaisonnement, saupoudrer avec le miel ou le jus de grenade et cuire au four pendant 20 min. Servir avec les petits pois surgelés, légèrement cuits à la vapeur.

**Valeur nutritive** par portion: 257kcal, protéine 36g, graisse 4g (1g saturé), glucides 21g (fibre 3g), 17% de fer, 23% de magnésium, 97% de vitamine A, 36% de vitamine C, 96% de vitamine B3, 49% de vitamine B6.

## 20. Chili d'haricots et Poivrons

Un repas de midi végétarien sain avec une touche épicée, ce plat est un excellent moyen d'obtenir 1.2 au 1.3 de votre apport quotidien nécessaire en fibre. Vous pouvez servir sur une petite portion de riz brun cuit avec environ 170kcal ajoutés à votre repas.

**Ingrédients** (2 portions):

Poivrons 170g, épépiné et tranché
200g haricots à la sauce chili
200g de haricots noirs, égouttés
200g Tomates hachées
1 petit oignon, haché
1 cuillère à café de cumin
1 cuillère à café de poudre de chili
1 cuillère à café de paprika doux fumé
1 cuillère à café d'huile d'olive


Temps de préparation: 15 min
Temps de cuisson: 30 min

**Préparation**:

Chauffer l'huile dans une grande poêle, ajouter l'oignon et le poivre et cuire pendant 8-10 min jusqu'à cuisson. Ajouter les épices et cuire pendant 1 min.

Versez les haricots et les tomates, porter à ébullition et laisser mijoter pendant 15 min. Lorsque le chili a épaissi, assaisonner et servir.

**Valeur nutritive** par portion: 183kcal, protéine 11g, graisse 5g (1g saturé), glucides 26g (fibre 12g, sucre 12g), 16% de fer, 14% de magnésium, 16% de vitamine A, 22% de vitamine C, 14% de vitamine B1.

## 21. Bœuf à l'ail

Profitez d'un steak de bœuf vite fait qui n'est pas seulement riche en protéines et faible en gras et en glucides, mais aussi chargé avec de la vitamine B. Couple avec quelques tomates cerises pour un remplissage et un repas copieux et rafraîchissant.

**Ingrédients** (2 portions):

300g de filet de bœuf bien taillé
3 gousses d'ail
2 cuillères à soupe de vinaigre de vin rouge
1 cuillère à café de poivre noir en grains
200g de tomates cerise coupées en deux avec un peu de vinaigre

Temps de préparation: 10 min
Temps de cuisson: 15 min

**Préparation:**

Concasser les grains de poivre et l'ail avec une pincée de sel dans un mortier et un pilon jusqu'à ce que vous ayez une pâte légèrement lisse, puis ajouter le vinaigre. Disposez la viande dans un plat, puis frottez la pâte uniformément. Laisser reposer au réfrigérateur pendant 2 heures.

Placer une poêle à griller sur un feu très chaud. Egoutter la viande de la marinade, ajouter du sel. Faire cuire la viande pendant environ 5 min, jusqu'à ce qu'elle soit bien grillée de chaque côté (assurez-vous que la coupe n'est pas trop épaisse). Soulevez la viande sur une planche à découper, puis laisser reposer pendant 5 minutes avant de la découper en tranches. Servir avec des tomates cerise.

**Valeur nutritive** par portion: 223kcal, protéine 34g, graisses 6g, glucides 7g (fibre 1g, sucre 3g), 22% de fer, 16% de vitamine A, 22% de vitamine C, 27% de vitamine B2, 42% de vitamine B3, 30% de vitamine B6, 64% de vitamine B12.

## 22. Poisson grillé avec tomates marocaines aux épices

Un repas à base de daurade fait une excellente source de protéines. La sauce sud-africaine avec ses épices aromatiques complimente son goût et il va aussi bien avec les sardines et le bar.

**Ingrédients** (2 portions):

2 X 140g filets de daurade sans peau
3 grosses tomates
1 ½ gros poivron rouge, épépinés et réduit de moitié
2 gousses d'ail écrasées
Huile d'olive 20ml
1 cuillère à café de cumin
1 cuillère à café de paprika
1/8 cuillère à café de poivre noir
Une pincée de poivre de Cayenne
Petit bouquet de persil, haché grossièrement
Petit bouquet de coriandre, haché grossièrement

Temps de préparation: 30 min
Temps de cuisson: 15 min

**Préparation:**

Chauffer le barbecue à feu fort, placer le côté face vers le haut des poivrons sur une plaque à pâtisserie et mettre sous le gril jusqu'à ce qu'il soit bien brun et boursouflé.

Placer dans un bol couvert hermétiquement et laissez refroidir. Quand ils sont froids, enlever les peaux brûlées puis les couper en petits morceaux.

Peler les tomates, puis les couper en quartier, retirez les graines et les dés.

Chauffer l'huile dans une grande poêle, ajouter l'ail, le poivre et les épices et cuire pendant 2 min. Ajouter les poivrons et les tomates et cuire à feu moyen jusqu'à ce que les tomates soient très molles. Concasser les tomates et poursuivre la cuisson jusqu'à ce que le liquide soit réduit à une sauce.

Chauffer le barbecue à feu fort, placer le poisson sur une plaque à pâtisserie recouverte de papier d'aluminium légèrement huilée. Assaisonner et cuire pour 4-5 min jusqu'à cuisson totale. Diviser la sauce entre les plaques placer le poisson dessus et servir avec les herbes hachées.

**Valeur nutritive** par portion: 308kcal, protéines 25 g, graisse 18g (2g saturé), glucides 16g (fibre 4g, 12 g sucre), 23% de magnésium, 45% de vitamine A, 55% de vitamine C, 12% de vitamine B1, 12% de vitamine B2, 14% de vitamine B3, 34% de vitamine B6.

## 23. Curry de crevettes

Ce délicieux curry ne vous prendra que 20min, un plat de fruit de mer au gout de curry. La sauce crémeuse, à l'arome de cerise convient très bien a un accompagnement de riz brun cuit, a peu près 175kcal per portion.

**Ingrédients** (2 portions):

200g de crevettes crues congelées
200g de tomates hachées
25g de crème de noix de coco en sachet
1 petit oignon, haché
1 cuillère à café de pâte de curry thaï rouge
½ cuillère à café de racine de gingembre frais
1 cuillère à café d'huile d'olive
Coriandre, haché


Temps de préparation: 5 min
Temps de cuisson: 15 min


**Préparation:**

Chauffer l'huile dans une casserole. Ajouter l'oignon et le gingembre et cuire pendant quelques minutes jusqu'à ce qu'ils ramollissent. Ajouter la pâte de curry, remuer et laisser cuire pendant 1 min environ. Verser dessus les tomates et la crème de noix de coco, porter à ébullition et laisser mijoter pendant 5 minutes, ajouter un peu d'eau bouillante si la concoction est trop épaisse.

Ajouter les crevettes et cuire encore 5-10 min. Saupoudrer de coriandre hachée et servir.

**Valeur nutritive** par portion: 180kcal, protéines 20 g, matières grasses 9g (4g saturé), glucides 6g (fibre 1g, sucre 5g), sel 1g, 18% de fer, 10% de magnésium, 20% de vitamine A, 26% de vitamine C, 13% vitamine B3, 25% vitamine B12.

## 24. Poulet aux champignons

Un plat sain, ce ragoût de poulet contient beaucoup de protéines qui va vous rassasier jusqu'au dîner. Les cuisses de poulet ajoutent de la saveur et du jus, tandis que les champignons donnent une sensation piquante à ce repas de midi faible en calories.

**Ingrédients** (2 portions):

250g désossé, cuisses de poulet sans peau
125ml de bouillon de poulet
25g de petits pois surgelés
150g de champignons
25g cubes de pancetta
1 grosse échalote, hachée
1 cuillère à soupe d'huile d'olive
1 cuillère à café de vinaigre de vin blanc
Farine, pour saupoudrer
Petite poignée de persil, haché finement

Temps de préparation: 15 min
Temps de cuisson: 25 min

**Préparation**:

Chauffer 1 cuillère à café d'huile dans une poêle antiadhésive, assaisonner et enrober le poulet avec de la farine. Griller de tous les côtés, puis retirez le poulet et faire revenir la pancetta et les champignons jusqu'à ce qu'ils ramollissent.

Mettez le reste de l'huile d'olive et faire cuire les échalotes pendant 5 min. Ajouter le bouillon, le vinaigre et faire bouillir pendant 1-2 min. Remettre le poulet, pancetta et les champignons dans la poêle et faire cuire pendant 15 min. Ajouter les petits pois et le persil, faire cuire 2 minutes, puis servir.

**Valeur nutritive** par portion: 260kcal, protéine 32g, graisse 13g (3g saturé), glucides 4g (fibre 3g, 1 g de sucre), sel 1g, 21% de fer, 39% de vitamine D, 12% de vitamine B2, 34% de vitamine B3, 17% de vitamine B6.

## 25. Sauté de dinde

Riche en protéines, vite fait et savoureux, ce plat est parfait pour un déjeuner épicé. Sa teneur en glucides vous charge d'énergie de sorte qu'il peut aussi être un repas idéal avant l'entraînement.

**Ingrédients** (2 portions):

200g steaks de poitrine de dinde, coupés en lanières (enlever la graisse)
150g de nouilles de riz
170g de haricots verts, coupés en deux
1 gousse d'ail, en tranches
1 petit oignon rouge, en tranches
½ piment rouge, haché finement
Le jus de ½ citron
½ cuillère à café d'huile d'olive
½ cuillère à café de poudre de chili
1 cuillère à café de sauce de poisson
Menthe, hachée grossièrement
Coriandre, haché grossièrement

Temps de préparation: 10 min
Temps de cuisson: 15 min

**Préparation:**

Faire cuire les nouilles en suivant les instructions sur l'emballage. Chauffer l'huile dans une poêle antiadhésive et faire revenir la dinde à feu vif pendant 2 min. Ajouter l'oignon, l'ail et les haricots et cuire encore 5 min.

Verser le jus de citron, le piment frais, la poudre de chili et la sauce de poisson, remuer et laisser cuire pendant 3 min. Incorporer les nouilles et les herbes selon votre goût et servir.

**Valeur nutritive** par portion: 425kcal, protéine 32g, graisse 3g (1g saturé), glucides 71g (de fibre 4g, sucre 4g), 1 g de sel, 12% de fer, 10% de magnésium, 12% de vitamine A, 36% de vitamine C, 13 % de vitamine B1, vitamine B2 24%.

## 26. Truite piquante

Essayez cette recette facile et saine de truite pour un repas léger d'été. Une excellente source de vitamine B12, ce poisson blanc citronné peut être servi avec sur le côté de la salade verte, saupoudré de sel de mer et un peu de jus de citron pour une sensation piquante supplémentaire.

**Ingrédients** (2 portions):

2 filets de truite
15g Noix de pin grillées et hachées grossièrement
25g Chapelure
1 cuillère à café de beurre mou
1 cuillère à café d'huile d'olive
Jus et le zeste de ½ citron
1 petit bouquet de persil, haché

Temps de préparation: 10 min
Temps de cuisson: 5 min

**Préparation**:

Chauffer le barbecue à feu élevé. Disposez les filets, côté peau vers le bas sur une plaque huilée.

Mélanger la chapelure, le jus de citron et le zeste, le beurre, le persil et la moitié des pignons de pin. Disperser la composition en une couche mince sur les filets, arroser avec l'huile et placer sous le gril pendant 5 min. Saupoudrer avec le reste des noix de pin et servir avec le chou-fleur cuit à la vapeur ou des haricots verts.

**Valeur nutritive** par portion: 298kcal, protéines 30 g, graisse 16g (4g saturé), glucides 10g (fibre 1g, sucre 1g), 11% de magnésium, 14% de vitamine B1, 41% de vitamine B3, 25% de vitamine B6, 150% de vitamine B12 .

## 27. Ragout de fruits de mer

Éveillez vos sens à ce mélange épicé de crevettes, de palourdes et poisson blanc qui délivre une quantité copieuse de protéines et couvre la plupart des besoins en vitamines B. Assurez-vous d'utiliser des fruits de mer afin de maximiser le goût savoureux de ce pot-au-feu.

**Ingrédients** (2 portions):

100g de grosses crevettes crues épluchées
150g de palourdes
150g de filets de poisson blanc (coupés en morceaux de 3 cm)
250g de petites pommes de terre nouvelles, coupées en deux et bouillies
130g de tomates hachées
350ml de bouillon de poulet
1 petit oignon, haché
2 gousses d'ail, hachées
1 piment séché
Jus de 1 citron vert
½ cuillère à café de paprika fumé à chaud
½ cuillère à café de cumin moulu
1 cuillère à café d'huile d'olive
Des quartiers de citron vert pour servir (facultatif)

Temps de préparation: 15 min
Temps de cuisson: 30 min

**Préparation:**

Faire griller les piments dans une poêle chaude, à sec jusqu'à ce qu'ils gonflent un peu, puis retirez, épépiner et équeuter. Faire tremper dans l'eau bouillante pendant 15 min.

Chauffer l'huile d'olive dans une grande poêle, ajouter l'oignon, l'ail et assaisonner, puis faire remuer jusqu'à cuisson. Ajouter les poivrons, le piment, le cumin, les tomates et le bouillon et faire sauter pendant 5 min, puis réduire en purée dans un mélangeur jusqu'à consistance lisse. Verser dans la casserole et amener au point d'ébullition. Laissez mijoter pendant 10 min. Ajouter les crevettes, filets de poisson, les palourdes et les pommes de terre, couvrir la casserole et laisser cuire pendant 5 min à feu moyen-élevé. Servir avec des quartiers de citron vert si vous le souhaitez.

**Valeur nutritive** par portion: 347kcal, protéine 44g, graisse 6g (1 g de gras saturés), glucides 28g (fibre 4g, sucre 7g), sel 1,1 g, 18% de magnésium, 12% de vitamine A, 40% de vitamine C, 16% de vitamine B1 , 10% de vitamine B2, vitamine B3, 23%, 26% de vitamine B6, vitamine B12 62%.

# DINER

### 28. Aubergines farcies

Un repas végétarien savoureux, avec un fromage croustillant et recouvert de chapelure, qui est léger et parfait pour le dîner. Oubliez les poivrons farcis et essayez ce plat d'aubergine aromatisé à la place.

**Ingrédients** (pour 2 portions):

1 aubergine
Mozzarella végétarien 60g, coupé en morceaux
1 petit oignon, haché finement
2 gousses d'ail, hachées finement
1 cuillère à soupe d'huile d'olive, un peu plus pour la bruine
2 gousses d'ail, hachées finement
6 tomates cerise, coupées en deux
Une poignée de feuilles de basilic, hachées
Un peu de chapelure fraîche de farine entière

Temps de préparation: 15 min
Temps de cuisson: 40 min

**Préparation**:

Préchauffer le four à 200C / ou no.7 Couper l'aubergine en deux dans le sens de la longueur (vous pouvez laisser la tige intacte ou la supprimer). Couper à l'intérieur de l'aubergine à environ 1 cm d'épaisseur. En utilisant une cuillère à café, évider la chair de l'aubergine jusqu'à ce que vous n'ayez plus que 2 coques. Hacher la chair, puis mettre de côté. Badigeonner les coquilles avec un peu d'huile, assaisonner et les placer dans un plat allant au four. Couvrir avec un papier d'aluminium et cuire au four pendant 20 min.

Ajouter le reste d'huile dans une poêle antiadhésive. Ajouter l'oignon et cuire jusqu'à ce qu'il soit doux, puis versez dedans la chair d'aubergine hachée et faire cuire. Ajouter l'ail et les tomates et cuire encore 3 min.

Lorsque les coquilles d'aubergines sont tendres, les retirer du four, les farcir, saupoudrer un peu de chapelure et arroser avec un peu d'huile. Réduire la chaleur dans le four à 180 ° C / no.6. Cuire au four pendant 15-20 minutes, jusqu'à ce que le fromage soit fondu et la chapelure soit dorée. Servir avec une salade verte.

**Valeur nutritive** par portion: 266kcal, protéines 9g, 20g de graisse (6g saturé), glucides 14g (5g de fibres, sucre 7g), sel 1g, 15% de vitamine A, 19% de calcium.

## 29. Salade d'Orange, Noyer et Fromage bleu

Essayez cette salade salée et sucrée avec des noix de fromage bleu émietté et haché pour un souper léger. Cette salade, riche en graisses saines et en vitamine C, sans cuisson ne prend que 10 minutes à faire et est un excellent moyen de mettre fin à une journée bien remplie.

**Ingrédients** (2 portions):

1 sac 100g de salade (épinards, roquette et cresson)
1 grosse orange
40g Noix hachées grossièrement
70g de fromage bleu, émietté
1 cuillère à café d'huile de noix

Temps de préparation: 10 min
Pas de cuisson

**Préparation:**

Vider le sac de salade dans un bol. Peler les oranges et coupez les segments sur un petit bol pour récupérer le jus. Fouetter l'huile de noix dans le jus d'orange puis verser sur les feuilles de salade. Mélanger la salade, répartissez les quartiers d'orange, le fromage bleu et les noix, et servir.

**Valeur nutritive** par portion: 356kcal, protéine 14g, graisse 30g (10g saturé), glucides 8g (fibre 3g, 8g de sucre), 19% de calcium, 10% de magnésium, 20% de vitamine A, 103% de vitamine C, 10% de vitamine B1.

## 30. Riz mexicain et salade de haricots

Un repas consistant peu épicé aux saveurs d'Amérique latine, le riz et la salade de haricots mexicaine sont pleins de légumes et font un souper copieux. Ruser un peu et utiliser une boîte de haricots mixtes pour une assiette plus colorée.

**Ingrédients** (2 portions):

90g de riz brun
200g salade de haricots noirs, égouttés
½ avocat bien mûr, haché
2 oignons, hachés
½ poivron rouge, épépiné et haché
Jus de ½ citron vert
1 cuillère à café de mélange d'épices cajun
Petit bouquet de coriandre, haché

Temps de préparation: 15 min
Temps de cuisson: 20 min

**Préparation:**

Faire cuire le riz en suivant les instructions sur l'emballage. Égoutter, puis refroidir sous l'eau courante. Incorporer les haricots, le poivron, les oignons et l'avocat.

Mélanger le jus de citron avec du poivre noir et les épices cajun puis verser sur le riz. Ajouter la coriandre et servir.

**Valeur nutritive** par portion: 326kcal, protéine 11g, 10g de graisse (2g saturé), glucides 44g (fibre 6g, sucre de 4g), 10% de fer, 15% de magnésium, 11% de vitamine B1, 13% de vitamine B6.

## 31. Pois chiches aux épinards et au curry

Préparez ce délicieux repas pour une belle soirée à la maison. Riche en vitamine A et en protéines, ce plat de légumes peut être servi avec un peu de Naan. Attention aux calories supplémentaires car un morceau de pain naan contient environ 140kcal.

**Ingrédients** (2 portions):

1 boite de 400g de pois chiches, égouttés
200g de tomates cerise
130g de feuilles d'épinards
1 cuillère à soupe de pâte de curry
1 petit oignon, haché
Jus de citron

Temps de préparation: 5 min
Temps de cuisson: 15 min

**Préparation:**

Chauffer la pâte de curry dans une poêle antiadhésive. Quand elle commence à se diviser, ajouter l'oignon et cuire pendant 2 minutes jusqu'à ce qu'il ramollisse. Versez les tomates et laisser bouillir jusqu'à réduction.

Ajouter les pois chiches et un peu d'assaisonnement et cuire pendant une minute supplémentaire. Retirer du feu, puis versez les épinards (la chaleur du poêle va ramollir les feuilles). Assaisonner, ajouter le jus de citron et servir.

**Valeur nutritive** par portion: 203kcal, protéines 9g, graisse 4g, glucides 28g (fibre 6g, sucre 5g), sel 1,5 g, 25% fer, 29% de magnésium, 129% vitamine A, 61% de vitamine C, 58% de vitamine B6.

## 32. Légumes thaï au lait de coco et au bouillon

Une portion de nouilles aux œufs trempées dans un bouillon de légumes délicieux vous donnera le gout sensationnel de la cuisine Thai. Si vous préférez un bouillon épais, utiliser moins de bouillon de légumes, selon les goûts.

**Ingrédients** (2 portions):

200ml lait de noix de coco semi-gras
500ml de bouillon de légumes
90g nouilles aux œufs
1 carotte, coupée en allumettes
¼ tête feuilles chinoises, en tranches
75g Pousses de soja
3 tomates cerise coupées en deux
2 petits oignons, coupés en deux en longueur et tranchés
Jus ½ citron vert
1 ½ cuillère à café de pâte de curry thaï rouge
1 cuillère à café de sucre brun
1 cuillère à café d'huile d'olive
Poignée de coriandre, haché grossièrement

Temps de préparation: 15 min
Temps de cuisson 10 min

**Préparation:**

Chauffer l'huile dans un wok puis ajouter la pâte de curry et faire revenir pendant 1 min jusqu'à ce qu'elle soit bien parfumée. Ajouter le lait de coco, le bouillon de légumes, le sucre brun et laisser mijoter pendant 3 minutes.

Versez les nouilles, les carottes et les feuilles chinoises et laisser mijoter jusqu'à cuisson. Ajouter les pousses de soja et les tomates, le jus de citron vert au goût et un peu d'assaisonnement supplémentaire. Verser dans des bols et saupoudrer de coriandre et d'oignons.

**Valeur nutritive**: 338kcal, protéine 10g, 14g de graisse (7g saturé), glucides 46g (fibre 5g, 12g de sucre), 1,2 g de sel, 14% de fer, 16% de magnésium, 10% de vitamine B3.

## 33. Courgettes farcies

Un souper végétarien sain, léger sur l'estomac, et un plaisir à cuisiner. Les courgettes sont aromatisées par un mélange de noix de pin, de tomates séchées et un bon parmesan. Vous pouvez brosser les courgettes avec un peu de pesto à la place de l'huile d'olive, avant de les placer dans le four.

**Ingrédients** (2 portions):

2 courgettes, coupées en deux dans le sens de la longueur
2 cuillères à café d'huile d'olive
Laitue, pour servir

**Farce**:

Noix de pin 25g
3 oignons, tranchés finement
1 gousse d'ail écrasée
3 tomates séchées dans l'huile, égouttées
12g de parmesan finement râpé
25g de chapelure sèche
1 cuillère à café de thym

Temps de préparation: 10 min
Temps de cuisson: 35 min

**Préparation:**

Préchauffer le four à 200C / no.7 Placer les courgettes dans un plat allant au four, côté coupé vers le haut. Badigeonner légèrement d'huile avec 1 cuillère à café et cuire au four pendant 20 min.

Mélanger tous les ingrédients de la farce dans un bol et assaisonner avec du poivre noir, saupoudrer le mélange sur le dessus des courgettes et arroser avec l'huile d'olive restante. Cuire au four pendant 10-15 minutes, jusqu'à ce que les courgettes soient tendres et la garniture soit croustillante. Servir chaud avec une salade composée.

**Valeur nutritive** par portion: 244kcal, protéine 10g, 17g graisse (3 saturé), glucides 14g (fibre 3g, 5g de sucre), 56% de vitamine C, 16% de vitamine B2, 21% de vitamine B6.

## 34. Salade de fruits

Une salade de fruits pleine de vitamine C sucrée, avec du miel et prête à être servie en 10 min. Faites chanter cette salade de fruits simple en ajoutant une pincée de menthe fraîchement coupée.

**Ingrédients** (1 portion):

1 pamplemousse, Pelée et découpée
2 abricots en tranches
2 oranges, pelées et coupées
1 cuillère à café de miel liquide


Temps de préparation 5 min
Pas de cuisson


**Préparation**:

Mettez les abricots dans un grand bol. Segmenter les oranges et les pamplemousses dans le bol pour en recueillir les jus. Incorporer le miel et servir.

**Valeur nutritive** par portion: 166kcal, protéines 4g, glucides 36g (fibre 8g, sucre 28g), 46% de vitamine A, 184% de vitamine C, 13% de vitamine B1.

## 35. Champignons farcis

Offrez-vous un repas épicé et sain, avec un côté de salade fraiche et croquante. Doubler la portion pour une teneur en fibres et protéines plus élevée ou servir avec une tranche moyenne de baguette à environ 150kcal par pièce.

**Ingrédients** (2 portions):

8 gros champignons plats
2 gousses d'ail écrasées
2 cuillères à soupe d'huile d'olive
2 cuillères à soupe de sauce Worcestershire
2 cuillères à soupe de moutarde à l'ancienne
1 cuillère à café de paprika
140g Sac de feuilles de salade mélangées de cresson et de blettes rubis

Temps de préparation: 10 min
Temps de cuisson: 15 min

**Préparation:**

Préchauffer le four à 180 ° C / no.6 Mélanger la moutarde, l'huile, l'ail et la sauce Worcestershire dans un grand bol, puis assaisonner avec du poivre noir fraîchement moulu et le sel. Ajouter les champignons au mélange et remuer pour bien les enrober uniformément. Placez-les tige vers le haut dans un plat allant au four, les saupoudrer avec le paprika et cuire au four pendant 8-10 min.

Répartissez les feuilles de salade entre deux assiettes de service avec 4 champignons sur chaque assiette. Verser le jus de fruits par-dessus et servir immédiatement.

**Valeur nutritive** par portion: 102kcal, protéines 8g, graisse 14g (2g saturé), glucides 8g (fibre 4g), sel 1g, 20% de vitamine B2, 16% de vitamine B3.

## 36. Truite fumée avec betteraves, fenouil et pommes

Un poisson fumé à chaud délicat complété par une croustade aux pommes et une betterave colorée, fait pour une salade exotique avec une combinaison de saveurs magnifique. La truite est une source idéale de protéines de qualité B12 et haute.

**Ingrédients** (2 portions):

140g Filet de truite fumé sans peau
100g petites betteraves au vinaigre, égouttées et coupées en quartiers
4 oignons tranchés
1 pomme verte épépinée en tranches
½ petit bulbe de fenouil, épluchée et émincée
Petite botte de feuilles d'aneth, hachée finement
2 cuillères à soupe de yogourt faible en gras
1 cuillère à café de sauce au raifort

Temps de préparation: 10 min
Pas de cuisson

**Préparation:**
Placez le fenouil dans un plat de service et répartissez les betteraves, oignons et pommes. Couper la truite en morceaux et mettre sur le dessus. Saupoudrer avec la moitié de l'aneth.

Mélanger le yogourt et le raifort avec 1 cuillère à soupe d'eau froide, puis ajouter le reste de l'aneth et mélanger. Verser la moitié de la vinaigrette sur la salade et mélanger délicatement, puis verser e reste de la vinaigrette et servir.

**Valeur nutritive** par portion: 183kcal, protéine 19g, graisse 5g (1g saturé), glucides 16g (fibre 5g, sucre 16g), le sel 1,6 g, 12% fer, 11% de vitamine A, 20% de vitamine C, 20% de vitamine B1, 17% de vitamine B2, vitamine B3 20%, 100% de vitamine B12.

## 37. Carottes rôties avec grenade et fromage de chèvre

Un repas complet quand il s'agit de nutriments, cette combinaison de légumes et de jus aigre doux est une option saine et un dîner intéressant. Assurez-vous de garder les graines de grenade séparées et ajoutez-les juste avant de servir si vous projetez de gagner le gros lot.

**Ingrédients** (2 portions):

375g de carottes
40g de graines de grenade
50g de fromage de chèvre émietté
200g de pois chiches, égouttés
zeste et jus de ½ orange râpée
1 cuillère à soupe d'huile d'olive
1 cuillère à café de graines de cumin
Petit bouquet de menthe, haché


Temps de préparation: 10 min
Temps de cuisson: 50 min


**Préparation**:

Préchauffer le four à 170C / gaz no. 5 Mettre les carottes dans un bol et mélanger avec la moitié de l'huile d'olive, les graines de cumin et le zeste d'orange et le sel. Répartir les carottes sur une grande plaque à pâtisserie et faire cuire pendant 50 minutes jusqu'à ce qu'elles deviennent tendres et prennent un peu de couleur sur les bords.

Incorporer les pois chiches avec les carottes rôties, puis verser dans un plat de service. Arroser avec le reste d'huile et le jus d'orange. Ajouter le fromage de chèvre émietté, disperser les graines de grenade et les herbes, puis servir.

**Valeur nutritive** par portion: 285kcal, 12 g de protéines, de matières grasses 15g (6g saturé), glucides 30g (fibre 6g, sucre 16g), 15% de calcium, 12% de fer, 14% de magnésium, 610% de vitamine A, 28% de vitamine C, 12% de vitamine B1, vitamine B2, 18%, 11% de vitamine B3, vitamine B6 37%.

## 38. Soupe de lentilles, carottes et orange

Une soupe intéressante à base de jus d'orange qui fera plus que couvrir votre apport quotidien nécessaire en vitamine C. Saine, avec des saveurs qui fonctionnent bien ensemble, cette recette est un délice épicé. Vous pouvez la diluer avec un peu d'eau si vous trouvez qu'elle est trop épaisse.

**Ingrédients** (2 portions):

75g de lentilles rouges
225g de carottes, coupées en dés
300 ml de jus d'orange
1 oignon, haché
600ml de bouillon de légumes
2 cuillères à soupe de yogourt faible en gras
1 cuillère à café de graines de cumin
2 cuillères à café de graines de coriandre
Coriandre fraîchement hachée pour garnir

Temps de préparation: 15 min
Temps de cuisson: 35 min

**Préparation**:

Écraser les graines dans un mortier et un pilon, puis séchez-les et faire frire pendant 2 min, jusqu'à ce qu'elles soient légèrement dorées. Ajouter les lentilles, les carottes, l'oignon, le jus d'orange, le bouillon et l'assaisonnement et porter à ébullition. Couvrir et laisser mijoter pendant 30 minutes jusqu'à ce que les lentilles soient tendres.

Transférer le mélange dans un robot culinaire et mélanger jusqu'à consistance lisse. Retour à la casserole, réchauffer à feu moyen et en remuant de temps en temps. Assaisonner selon le goût, puis verser dans des bols, agiter de nouveau le yaourt, parsemer de feuilles de coriandre et servir tout de suite.

**Valeur nutritive** par portion: 184kcal, protéines 8g, graisse 2 g, glucides 34g (fibre 4g), sel 1g, 340% de vitamine A, 134% de vitamine C, 16% de vitamine B1, 11% de vitamine B3, 13% de vitamine B6.

## 39. Curry de légumes rouge

Il prend près d'une heure à faire, mais ce plat thaï parfumé mettra sûrement vos papilles en action. Riche en nutriments, ce curry végétarien crémeux a l'étoffe d'un plat autonome, mais il peut également être servi avec du riz brun cuit de coté à environ 175 kcal supplémentaires.

**Ingrédients** (2 portions):

Champignons 70g, émiettés
70g de pois mange-tout sucrés
½ courgette, coupée en morceaux
½ aubergine, coupée en morceaux
Tofu solide 100g, coupé en cubes
Boîte 200ml de lait de noix de coco teneur réduite en gras
1 piment rouge (½ finement haché, ½ coupé en rondelles)
¼ de poivron rouge, épépiné et coupé en interstices
2 cuillères à soupe de sauce de soja
Jus de 1 citron vert
1 cuillère à soupe d'huile d'olive
10g de feuilles de basilic
½ cuillère à café de sucre brun
**Pate:**

3 échalotes, hachées grossièrement
2 petits piments rouges
½ citronnelle, hachée grossièrement
1 gousse d'ail
10g bouquet de coriandre

½ poivron rouge, épépiné et haché grossièrement
½ citron vert en zeste
¼ de cuillère à café de gingembre râpé
½ cuillère à café de coriandre moulue
½ cuillère à café de poivre fraîchement moulu

Temps de préparation: 30 min
Temps de cuisson: 20 min.

**Préparation**:

Faire mariner le tofu dans la moitié du jus de citron, 1 cuillère à soupe de sauce de soja, et le piment haché.

Placez les ingrédients de la pâte dans un robot culinaire.

Chauffer la moitié de l'huile dans une casserole, ajoutez 2 cuillères à soupe de la pâte et les faire frire pendant 2 minutes. Incorporer le lait de coco avec 50 ml d'eau, l'aubergine, la courgette et le poivron. Cuire jusqu'à presque tendres.

Égoutter le tofu, séchez puis le faire frire dans l'huile restante dans une petite casserole jusqu'à ce que doré.

Ajouter le champignon, les poids mange-tout sucres, et la plupart du basilic, puis assaisonner avec le sucre, le reste du jus de citron et la sauce de soja. Cuire jusqu'à ce que les champignons soient tendres, puis ajoutez le tofu et faire chauffer. Saupoudrer avec le basilic, disperser le piment en tranches et servir.

**Valeur nutritive** par portion: 233kcal, protéines 8g, graisse 18g (10g saturé), glucides 11g (fibre 3g, sucre 7g), sel 3g, 13% de calcium, 12% de fer, 14% de magnésium, 11% de vitamine A, 65% de vitamine C, 15% de vitamine B1, vitamine B2, 21%, 12% de vitamine B3, vitamine B6 22%.

## 40. Pilaf de champignons au citron

Ce pilaf de champignons faible en gras est votre billet gagnant pour une alternative de risotto plus légère. Ajoutez à cela une poignée de petits pois pour un plat plus coloré, et n'hésitez pas à remplacer la ciboulette avec des oignons de printemps, si vous le souhaitez.

**Ingrédients** (2 portions):

100g de riz brun
150g de champignons en tranches
250ml de bouillon de légumes
1 petit oignon en tranches
1 gousse d'ail écrasée
3 cuillères à soupe de Fromage à pâte molle à l'ail et aux fines herbes
Zeste et jus de ½ citron
Petit bouquet de ciboulette ciselée

Temps de préparation: 10 min
Temps de cuisson: 30 min

**Préparation:**

Placer l'oignon dans une poêle antiadhésive, ajoutez quelques cuillères à soupe de bouillon et cuire pendant environ 5 minutes jusqu'à ce qu'ils ramollissent. Ajouter l'ail et les champignons et cuire 2 minutes de plus. Tout en mélangeant, ajouter le riz, le zeste de citron et le jus. Verser le bouillon de légumes et l'assaisonnement restant, et porter à ébullition. Baissez le feu, couvrez la casserole et laisser mijoter pendant 30 minutes jusqu'à ce que le riz soit tendre. Incorporer la moitié de la ciboulette et du fromage à pâte molle. Diviser entre 2 assiettes et servir garni de fromage et de la ciboulette restante.

**Valeur nutritive** par portion: 249kcal, protéine 12g, graisse 4g (2g saturé), glucides 44g, fibre 2g, 4g de sucre), 11% de vitamine A, 23% de vitamine B2.

## AUTRES GRANDS TITRES DE CET AUTEUR

95 Recettes de Repas et de Boissons

Soyez Plus Grand, Plus Fort et Bien Bâti

95 Recettes de Repas et de Jus

Pour Diabétiques

Un Livre pour la Nutrition Quotidienne

Des Diabétiques

50 Recettes de Jus pour Abaisser votre Pression Sanguine

Réduire votre Pression Sanguine Facilement

www.ingramcontent.com/pod-product-compliance
Lightning Source LLC
Chambersburg PA
CBHW070155080526
44586CB00015B/2005